AF264118

OPINION

DE

M. J. J. COUSSAU LECHAUX;

*Sur les Troubles religieux qui agitent
la France.*

Ce Discours devoit être prononcé au Club
des Jacobins ; le temps n'a permis à l'Auteur
que d'y lire son projet de Décret : il livre son
Opinion au Public.

———————

TROP long-temps la France a gémi sous le joug
des Prêtres & des Rois ; après avoir limité les pou-
voirs des uns, souffririons-nous patiemment l'autorité arbitraire des autres ? Pourrions-nous voir d'un
œil tranquille cette heureuse révolution, souillée
par les fureurs du fanatisme ? Non, Messieurs, il
est temps d'éclairer ce Peuple qui nous entend, &

de déchirer ce voile ténébreux qui obſcurcit l'aurore de la liberté. Qu'il me ſoit donc permis de plaider la caúſe du genre humain, en provoquant la juſte vengeance des lois contre les Prêtres perturbateurs, en appelant à grands cris la religion univerſelle de la liberté, & en confondant l'intolérance par l'autorité ſacrée & inviolable du droit de la nature, de la juſtice & de là raiſon. Pour parvenir à mon but, je vais vous expoſer rapidement les queſtions que je me propoſe de réſoudre.

Quelles ſont les cauſes des troubles religieux ? Peut-on honorer du nom ſacré de religion un complot d'attenter à la liberté de la Nation, ſous le voile d'une liaiſon religieuſe ? La multiplicité des cultes eſt-elle dangereuſe dans un Empire ?

Doit-on laiſſer aux Prêtres non-aſſermentés & à leurs Sectateurs la liberté d'exercer leur culte ?

Quels ſont enfin les moyens de remédier à tous les troubles excités par la différence d'opinions ? En examinant attentivement la cauſe des troubles qui agitent cet Empire, d'un côté ſe préſente à moi la mauvaiſe foi, d'un autre l'erreur ; d'un autre côté, des intentions perfides ; d'un autre, foibleſſe : que faut-il faire ? Éclairer & tolérer les uns, ſurveiller & punir les autres.

Trop long-temps les Miniſtres du culte ont exercé une influence dangereuſe ſur les conſciences foibles ; trop long-temps les Prêtres ont abuſé du pouvoir qu'ils avoient uſurpé ſur un Peuple crédule & ſuperſtitieux. Il eſt temps que nous jouiſſions de la liberté politique & religieuſe dans toute ſon étendue ; il eſt temps que les lumières de la philoſo-

(3)

phie viennent enfin éclairer ce Peuple qui doit brifer
tous les liens qui l'emmaillottoient & le mettoient à la
merci des Prêtres, fans le miniftère defquels il ne
croyoit pouvoir ni naître, ni vivre, ni mourir.

Je ne puis vous diffimuler que je trouve d'abord
la fource du mal dans l'effence d'une religion qui
eft fi intolérante, qu'elle prononce que hors de fon
fein il n'y a point de falut à efpérer, c'eft-à-dire,
point de liberté, point de bonheur; feuls biens
que l'on recherche dans le fein d'une religion.

C'eft fur-tout fous le manteau de la confeffion
que naît le fanatifme, qui bientôt fait des progrès
rapides, & excite, fous le prétexte de religion, les
troubles les plus funeftes : femblable à une incen-
die qui, par l'effet des vents, fe communique &
fait les plus grands ravages, le fanatifme fouffle
par mille bouches cadavereufes, enflamme & con-
fume tout ce qu'il rencontre. C'eft fous le fecret
de cette confeffion que le Prêtre fanguinaire, vin-
dicatif & perturbateur, fouffle le feu de la difcorde
& de la révolte aux lois.

C'eft fous le fecret de cette confeffion que le
Prêtre libertin & crapuleux abufe de ce fexe timide,
qui, après lui avoir confié fes foibleffes, le regarde
comme l'arbitre fouverain de fes opinions politiques
& religieufes ; c'eft fous le voile de cette confeffion, que ce Prêtre impie & furieux lance des
arrêts de profcription contre les Pafteurs vertueux qui
ont mérité les fuffrages & la confiance des bons
Citoyens ; c'eft fous le fecret de cette confeffion, que
ce Prêtre hypocrite, adorateur du Veau d'or, qui
ne doit fon exiftence qu'à la faveur d'un Evêque

corrompu & corrupteur, excite le Citoyen à se révolter contre la Constitution, en lui préfageant mille maux, s'il ne continue de payer la dixme, & s'il concourt à l'élection d'un nouveau Pasteur. S'ils agissent ainsi dans les ténébres, je ne sais si les Tribunaux, esclaves encore du secret abusif de la confession, ne devroient point invoquer le témoignage du confessé contre le confesseur ; je ne sais s'il ne seroit pas à propos d'éclairer le Peuple sur les abus de la confession ; je ne sais s'il ne faudroit point remonter à l'origine de cette cérémonie dangereuse, pour la liberté ; je ne sais s'il ne seroit point utile d'examiner si la confession mentale n'est pas préférable à la confession auriculaire. Je livre, Messieurs, ces idées à vos réflexions ; peut-être me blâmerez-vous de vous les avoir présentées. Mais pourquoi ne vous parlerois-je pas avec la franchise d'un homme libre ? L'empire des Prêtres doit disparoître avec la liberté. Certes, ils ont exercé trop long-temps une dangereuse influence sur les classes modestes du Peuple, & sur ce sexe aimable, qui, par ses charmes, a tant des droits à notre affection ; il est temps de rompre le ralliement qui pourroit enrayer la liberté.

Parmi les causes qui ont enhardi les Prêtres fanatiques, j'apperçois, avec peine, la négligence des Corps administratifs qui ont trop tardé à faire exécuter la loi de remplacement ; je vois aussi la trop fatale & indifférente indulgence de l'Assemblée constituante, envers le Cardinal de la Rochefoucauld, tandis que le Comité des rapports avoit provoqué un Décret d'accusation contre ce Prélat, qui lui-même avoit avoué son crime. Il faut aussi le dire, à la honte des Accusateurs publics & des Tribuaux ; leur excessive nonchalance à ne pas poursuivre les Evêques, qui par-tout excitoient à la révolte, a multiplié & enhardi les moteurs qui agitent l'Empire. C'est ainsi que l'impunité a enhardi les coupables, qui aujourd'hui ont porté le mal à son comble.

Fiers de leurs succès, les Ministres d'un Dieu de paix ont, par toutes sortes de moyens, cherché à allumer les torches du fanatisme & de la guerre civile. Abusant de leur ministère, ils ont grossi leurs partis en trompant ou séduisant les foibles, & en faisant cause commune avec les ennemis de la liberté ; aussitôt on a vu afficher une piété impie par ces hommes qui, naguères, n'avoient d'autre religion que l'orgueil & l'intérêt. Il s'agit donc d'arrêter les progrès du mal, après en avoir mûrement approfondi les causes ; mais j'entends déjà ces hommes qui crient à l'impiété & à l'intolérance. Eh quoi, me disent-ils ! vous traitez de fanatiques les Sectateurs du vrai Dieu ; vous nous traitez de rebelles, parce que nous n'avons pas voulu nous séparer du chef de l'Eglise ; vous appelez perturbateurs ceux qui veulent jouir paisiblement des droits de l'homme, & respecter leur conscience : nous voulons respecter les lois, me disent-ils, pourvu qu'elles nous laissent la libre profession de notre culte & de nos opinions. Veut-on excepter le culte romain de la liberté générale, & nous priver de nos droits imprescriptibles ? Pourroit-on redouter la multiplicité des cultes, & ne pas nous accorder les facultés dont jouissent les Protestans, les Juifs, & les Mahométans ? Que le Législateur s'explique sur notre fort, par une loi claire & précise. Tant que nous serons exposés aux persécutions & aux poursuites d'un Peuple égaré, nous emploîrons les mêmes armes pour notre défense, jusqu'à ce que nous puissions exercer en public, & librement, les actes de notre culte.

Non, leur répondrai-je, je ne suis ni impie ni intolérant ; je considère la religion comme un sentiment intérieur, libre & indépendant de toute autorité. C'est cette liberté dont je veux remettre le genre humain en possession, puisque elle donne à chacun le droit de suivre la religion qu'il croit la meilleure ; ce que je regarde comme l'effet naturel des droits sacrés de l'homme.

Nul pouvoir, selon moi, n'a le droit de prononcer sur les idées qu'on doit avoir de la Divinité, ni sur le culte qu'on doit lui rendre ; car comme ce n'est point la religion qui a réuni les hommes en société, mais leur sûreté commune, le gouvernement civil, bien loin de porter atteinte à la liberté religieuse de chaque Citoyen, doit seulement en diriger l'usage : l'autorité civile doit donc se borner à surveiller les sociétés religieuses, sans que la religion puisse devenir esclave des lois. Enfin le Souverain ne sauroit s'attribuer un empire légitime sur les consciences, car il seroit absurde qu'il voulût imposer la nécessité de croire tel ou tel article en matière de religion. Il y auroit autant de folie que d'impiété à vouloir contraindre les consciences, & à extorquer, pour ainsi dire, la religion, par la force & par la contrainte, pour guérir l'homme des erreurs où on le croit plongé : il faut cher-

cher à le perfuader & à le convaincre ; car la feule
peine qu'on puiffe lui infliger , c'eft de l'éclairer.
Comme nous ne devons chercher dans la religion
que notre bonheur , fi plufieurs routes s'offrent à
nous pour y parvenir , nous devons avoir l'entière
liberté du choix. Heureux celui qui n'a d'autre culte
qu'une confcience pure (1) ! fort de fa bonne foi,
il n'a befoin d'aucun intermédiaire entre l'Être Su-
prême & lui. Tel eft, leur réponds-je, ma pro-
feffion de foi ; ainfi s'il vous eft libre d'avoir une
opinion religieufe différente de la mienne, il vous.
eft également libre de la manifefter par des actes
religieux, pourvu que vous ne nuifiez point aux
intérêts de la fociété, en excitant vos Sectateurs à
la révolte contre les loix. Si l'intérêt de la fociété
exige qu'on établiffe des lois fur les chofes humaines, le même intérêt appelle l'attention du Légif-
lateur fur les chofes qui ont pour objet la religion,
parce que la fouveraineté embraffe dans fon étendue tout ce qui peut intéreffer le bonheur commun.

Vous êtes refponfables, leur dirai-je, des maux
que pourroit entraîner votre doctrine, fi elle tend
à la fubverfion des lois civiles, foit que vous ex-
citiez à la révolte dans les ténèbres du fecret, foit
en public ; j'ai le droit de vous pourfuivre comme
perturbateurs & féditieux, & de vous faire punir
plus févèrement à raifon des moyens que votre miniftère vous donne pour exciter des troubles. Si vous
prétendez pallier, du manteau de la religion, le

---

(1) Une confcience pure , difoit Mirabeau aux Kakers,
n'eft-elle pas l'image de la Divinité ?

complot atroce d'attenter à la liberté du Peuple, par une coalition dite religieuſe : la nation n'at-elle pas le droit de déployer la vengeance des loix contre vous ! N'a-t-elle pas le droit de proſcrire votre culte ſanguinaire, comme Tibere abolit l'uſage des victimes humaines, & le Sénat de Rome les Bacchanales (1) ! Sans doute vous ne conteſterez point à cet égard la ſouveraineté d'une Nation généreuſe qui vous comble de ſes bienfaits, tandis que vous cherhez à l'aſſaſſiner. Croyez-vous qu'elle doive continuer de payer le meurtrier qui cherche à plonger le poignard dans ſon ſein ?

Vous avez ſéduit & trompé les foibles, & vous les avez armés pour ſoutenir vos plus cruels ennemis : la Nation vous a comblé de ſes bienfaits en vous reſtituant vos droits, & en vous ſouſtraiſant à l'arrogance de ces Prélats, qui appeſantiſſoient ſur vous le poids du deſpotiſme ; eſt-ce là la reconnoiſſance qu'elle avoit droit d'attendre de vous ? Reconnoiſ-ſez-donc, il en eſt temps, vos fautes & vos erreurs. Si cependant vous êtes entraînés par le cri de votre conſcience, gardez-vous de la trahir : ſi vous voulez profeſſer votre culte, nous ne nous y oppoſons point, nous vous fournirons les moyens de l'exercer librement & en public. Mais auſſi vous devez vous ſoumettre à la volonté de la Nation ; nous vous

---

(1) Le Sénat, en détruiſant les Bacchanales, fit publier que ſi quelque Citoyen ſe croyoit obligé, par le cri de ſa conſcience, à ſacrifier à Bacchus, il n'avoit qu'à ſe faire inſcrire chez le Prêteur, qui en rendroit compte au Sénat, afin qu'il pût prendre un parti à cet égard.

promettrons de vous protéger, à condition que vous nous promettrez authentiquement de vous soumettre aux lois que nos Repréſentans ont faites, & que par votre doctrine vous prêcherez la même ſoumiſſion à vos Sectateurs ; car vous devez regarder les lois comme la conſcience publique. Telle eſt la promeſſe que nous exigeons de vous ; ſi vous nous la refuſez, nous vous regarderons comme des Citoyens ſuſpects, comme de traîtres qui ont juré la perte de la Société. Alors nous fixerons les yeux & la ſurveillance de tous les Citoyens ſur vous, & nous punirons, avec la dernière ſévérité, vos moindres fautes, ſoit en vous privant du traitement que la Nation vous a accordé, ſoit en vous éloignant d'un pays dont vous tramez la perte.

Quant à la multiplicité des cultes, je ſuis bien éloigné de la redouter ; je vais à cet égard m'étayer de l'opinion d'un des précurſeurs de la révolution, je veux dire Monteſquieu : Je ne ſais, dit-il, s'il n'eſt pas bon que dans un Etat il y ait pluſieurs religions. On remarque que ceux qui vivent dans des religions tolérées, ſe rendent ordinairement plus utiles à leur Patrie, que ceux qui vivent dans la religion dominante ; d'ailleurs, comme toutes les religions ne contiennent que des préceptes utiles à la ſociété, il eſt bon qu'elles ſoient obſervées avec zèle. Or qu'y a-t-il de plus capable d'animer le zèle que leur multiplicité. Quand toutes les ſectes du monde viendroient s'établir dans un Etat, cela ne porteroit aucun préjudice, parce qu'il n'y en a aucune qui ne preſcrive l'obéiſſance & ne prêche la ſoumiſſion aux Loix. J'avoue, dit-il, que les

Hiſtoires ſont remplies de guerres de religion ; mais qu'on y prenne bien garde, ce n'eſt point la multiplicité des religions qui a produit les guerres, c'eſt l'eſprit d'intolérance qui animoit celle qui ſe croyoit la dominante. C'eſt cet eſprit de proſélitiſme & de vertige dont les progrès ne peuvent être regardés que comme l'éclipſe de la raiſon humaine : c'eſt ainſi que s'exprime l'Auteur immortel de l'Eſprit des Loix. En effet, je regarde l'intolérance comme un mal auſſi dangereux que le fanatiſme ; car, perſécuter, ce n'eſt point défendre la religion, c'eſt la déshonorer, c'eſt la profaner ; bien loin d'exercer un office d'ami, c'eſt commettre une hoſtilité manifeſté. On commence, continue Monteſquieu ſur le même ſujet, à ſe défaire, parmi les chrétiens, de cet eſprit d'intolérance qui les animoit ; on s'eſt mal trouvé en Eſpagne d'avoir chaſſé les juifs, & en France d'avoir fatigué les chrétiens dont la croyance différoit un peu de celle du prince ; on s'eſt apperçu que le zèle pour les progrès de la religion, eſt différent de l'attachement qu'on doit avoir pour elle, & que pour l'aimer & l'obſerver il n'eſt pas néceſſaire de haïr & de perſécuter ceux qui ne l'obſervent pas ; telles ſont les maximes de celui qui ſemble nous avoir tracé le chemin de la liberté : je ne ſais ſi nous n'avons pas dévié, ou bien ſi nous ne ſommes pas arrivés encore au but qui nous étoit déſigné par ce profond politique : eh, Meſſieurs, qu'il me ſoit permis de comparer notre ſituation à celle où ſe trouvoient les proteſtans ſous Louis XIV ; les proteſtans n'ont jamais voulu reconnoître l'autorité de cet homme

que Montesquieu appelle Magicien, je **veux dire**
du Pape. C'est au simulacre de cet idole que sem-
blent s'attacher les non-conformistes. Nous recon-
noissons à la vérité le Pape comme le chef de la
religion, mais nous ne devons reconnoître aucune
autorité qui émane de lui; car il seroit absurde
d'admettre deux autorités indépendantes dans un
même Etat. Je pense, Messieurs, vous avoir approfondi les causes des troubles religieux qui, en
ce moment, agitent l'Empire; il me reste à vous
indiquer les moyens d'apporter les remèdes les plus
prompts : pour les appliquer avec plus d'efficacité,
nous devons consacrer la liberté des cultes & le
respect pour les consciences, en protégeant les droits
de tous ; c'est ainsi que nous préparerons le triom-
phe de la vraie religion, c'est-à-dire, celui de la
liberté, que j'appelerai avec Brissot la justice univer-
selle ; pour y parvenir, n'employons que les moyens
de persuasion, car le peuple est dans la plus ex-
cusable ignorance : eh, nous bornerions-nous à cette
tolérance imaginaire, qui ne se réduiroit à souf-
frir la diversité des opinions, qu'à condition qu'on
ne pourroit en manifester les actes extérieurs ? Non,
Messieurs, nous nous empresserons de protéger
tous les cultes & toutes les opinions ; heureux si
nous savions imiter ces sages Persilvains chez lesquels
sont admis tous les cultes sans que l'Etat en salarie
aucun ! Qu'il me soit permis de vous citer un de
ces élans sublimes du grand Génie qui a concouru
avec tant de talens à la conquête de nos droits : &
certes, disoit Mirabeau, on se convaincra un jour
qu'il n'est pas irreligieux ce Peuple qui emploit

ſoixante-ſept millions pour ſalarier les Miniſtres de ſon culte ? Cette phraſe exprime une penſée bien profonde, c'eſt à vous à la méditer.

Bientôt les Citoyens n'auront plus beſoin du mi-niſtère d'un Prêtre pour conſtater leur naiſſance, leur exiſtence & leur mort ; bientôt la voix de la raiſon viendra diſſiper le fanatiſme & la ſuperſtition ; bientôt la douce philoſophie de la nature diſſipera les ſcrupules des Prêtres, & les engagera à renoncer au ſtérile célibat, pour embraſſer les doux liens du mariage : oui, je me plais à l'annoncer, qu'il n'eſt pas éloigné cet heureux temps où les Miniſtres de tous les cultes, unis par les liens de la fraternité qu'inſpire la religion, ſeront bons pères, bons amis, bons parens, & bons citoyens ; bientôt, abdiquant toute eſpèce de coſtume qui pourroit les diſtinguer des autres Citoyens, ils ne ſe pareront des marques de leurs fonctions, que lorſqu'ils les exerceront ; c'eſt ainſi que, confondus parmi les autres Citoyens, les Miniſtres de tous les cultes concourront à l'envi à aſſurer le bonheur d'un Peuple libre, en prêchant la concorde, l'union & la paix ; car ſans union plus de force, ſans force plus de liberté.

Projet de Décret.

L'Aſſemblée Nationale, conſidérant que l'Empire eſt agité par les troubles excités à raiſon des diffé-rentes opinions religieuſes, décrète :

1°. Qu'il ſera fait une adreſſe aux Citoyens fran-çais, pour les éclairer ſur les dangers qui les mena-cent ; leur recommander la tolérance des opinions

& des cultes religieux , en leur repréfentant que la Conftitution civile du Clergé n'eft pas la Conftitution politique de l'Etat , & les engager à la plus parfaite union pour déjouer les manœuvres des ennemis de leur liberté.

2°. L'Affemblée Nationale voulant confacrer authentiquement la liberté des cultes religieux ; déclare qu'il eft permis d'exercer publiquement tout culte.

3°. Les Citoyens qui voudront profeffer un autre culte que celui qui eft falarié par l'Etat, pourront adreffer une pétition à la Municipalité des Villes qu'ils habitent ; s'ils font au nombre de cent, il leur fera accordé gratuitement une églife , & ils feront tenus de payer leurs Miniftres.

4°. La Municipalité fera paffer la pétition au Directoire du Diftrict , qui la tranfmettra au Directoire du Département qui défignera l'églife accordée.

5°. Les Citoyens & les Prêtres qui voudront exercer un culte quelconque, feront requis de remettre à la Municipalité du lieu qu'ils habitent, une déclaration par laquelle ils promettront d'être fidèles à la Nation , à la Loi & au Roi.

6°. S'ils refufent cette déclaration , ils feront confidérés comme fufpects & ennemis de la Conftitution , & on appelera fur eux la furveillance de toutes les autorités conftituées & de tous les Citoyens.

7°. La liberté des cultes devant être religieufement obfervée , la police correctionnelle pourfuivra, avec la plus févère exactitude , tout Citoyen qui fera accufé d'avoir troublé l'exercice d'un culte quelconque.

8°. Elle poursuivra, auffi févèrement, tout Citoyen qui fera accufé d'avoir provoqué, foit par des propos, foit par des actions, ceux qui profeffent un culte quelconque.

9°. Les Citoyens réunis dans les Eglifes deftinées à leurs cultes, ne pourront s'occuper que des exercices religieux.

10°. Dans les cas où des troubles feroient excités fous un prétexte religieux, & que les Miniftres d'un culte quelconque vinffent à manifefter publiquement des opinions contraires à la Loi & propres à provoquer la défobéiffance, ils feront pourfuivis, avec leurs complices ou adhérens, par les Accufateurs publics & les Tribunaux de police correctionnelle.

11°. Le Tribunal de police correctionnelle prononcera, felon l'exigence des cas, contre les coupables; & fi des Miniftres du culte ont eu part à ces troubles, il pourra prononcer la privation partielle ou totale du traitement qu'ils reçoivent de la Nation, & même le baniffement qui ne pourra excéder deux années.

12°. Si la force publique eft employée à raifon des troubles religieux, les dépenfes occafionnées pour les réprimer, feront à la charge des auteurs, fauteurs & adhérens defdits troubles.

13°. L'Affemblée Nationale, confidérant qu'il eft très-difficile d'obtenir des preuves contre les Prêtres perturbateurs ou féditieux, autorife les Accufateurs publics & les Tribunaux correctionnels à provoquer les dépofitions des confeffés contre les confeffeurs.

14°. Le Miniftre de la Juftice fera tenu de veiller à l'exécution des articles ci-deffus, de faire pourfuivre les auteurs des troubles qui ont eu lieu depuis l'amniftie, & de rendre compte tous les mois au Corps Légiflatif des procédures à ce fujet.

15°. L'Affemblée Nationale fupprime toutes les congrégations des Prêtres ou des filles, connues fous différentes dénominations, & leur accorde les mêmes traitemens qu'aux Moines & aux Religieux fupprimés.

16°. Les Municipalités des lieux où fe trouveront les différens établiffemens, feront tenues, dans la huitaine, de procéder à l'inventaire de leurs effets, meubles & immeubles.

17°. L'Affemblée Nationale invite les Miniftres de tous les cultes à ne porter les coftumes religieux que lorfqu'ils exerceront leurs fonctions.

18°. Tous les Citoyens d'un culte quelconque pourront être enterrés dans le cimetière commun, avec le libre exercice de leurs cérémonies.

19°. L'Affemblée charge fon Comité de Légiflation de lui préfenter, dans huitaine, un mode uniforme pour les actes deftinés à conftater l'exiftence civile de tous les Citoyens.